Werner Färber

Geschichten vom lustigen ABC

Illustrationen von Sabine Kraushaar

Loewe

Die Deutsche Bibliothek – CIP-Einheitsaufnahme

Geschichten vom lustigen ABC / Werner Färber.
Ill. von Sabine Kraushaar. – 1. Aufl. – Bindlach : Loewe, 1999
(Lirum Larum Bildermaus)
ISBN 3-7855-3332-2

ISBN 3-7855-3332-2 – 1. Auflage 1999
© 1999 Loewe Verlag GmbH, Bindlach
Umschlagzeichnung: Sabine Kraushaar
Redaktion: Carola Kaiser

Inhalt

Ein seltsamer ABC-Zirkus   8

Von A bis Z   14

Kettenfangen   18

Klaus an der Tafel   24

Mach was mit abc   33

Das starke M   37

Eine unsinnige Geschichte   44

Ein seltsamer ABC-Zirkus

Ein alberner  und ein

brummiger  spielen mit

einem chinesischen .

Der dicke  kommt

von seinen elf

zurück. Jetzt will er die

fliegenden  dressieren.

Die große  reckt ihren

heiseren  und entdeckt

einen intelligenten .

Ein junger  verspeist

einen klebrigen

unter leuchtenden .

Doch nun schnell zurück in die

magische  . Leider sind

die neuen  völlig verkehrt.

Das ordentliche  spielt

deshalb fürchterlich falsch.

Und die polierten

sind mit quabbeligen

verstopft. Wo die bloß alle

herkommen? Trotzdem geht

es frisch und munter weiter.

Auf roten  saust das

saubere durch das

tolle herein. Der ulkige

erschrickt und versteckt sich

schnell in einer violetten .

Dann spielt ein wilder  auf

dem x-beinigen  und

lässt dabei ein 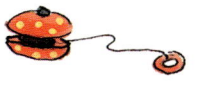 auf und

nieder tanzen. Wenn das kein

zauberhafter  ist.

Von A bis Z

Das **A** hält die .

Das **B** spielt mit dem .

Das **C** tippt am .

Das **D** kommt aus der .

Das **E** ist im .

Das **F** klebt am  .

Das **G** sitzt im 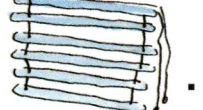 .

Das **H** schläft in der  .

Das **I** steckt im  .

Das **J** hängt an der .

Das **K** lehnt am .

Das **L** baumelt von der .

Das **M** hockt auf der 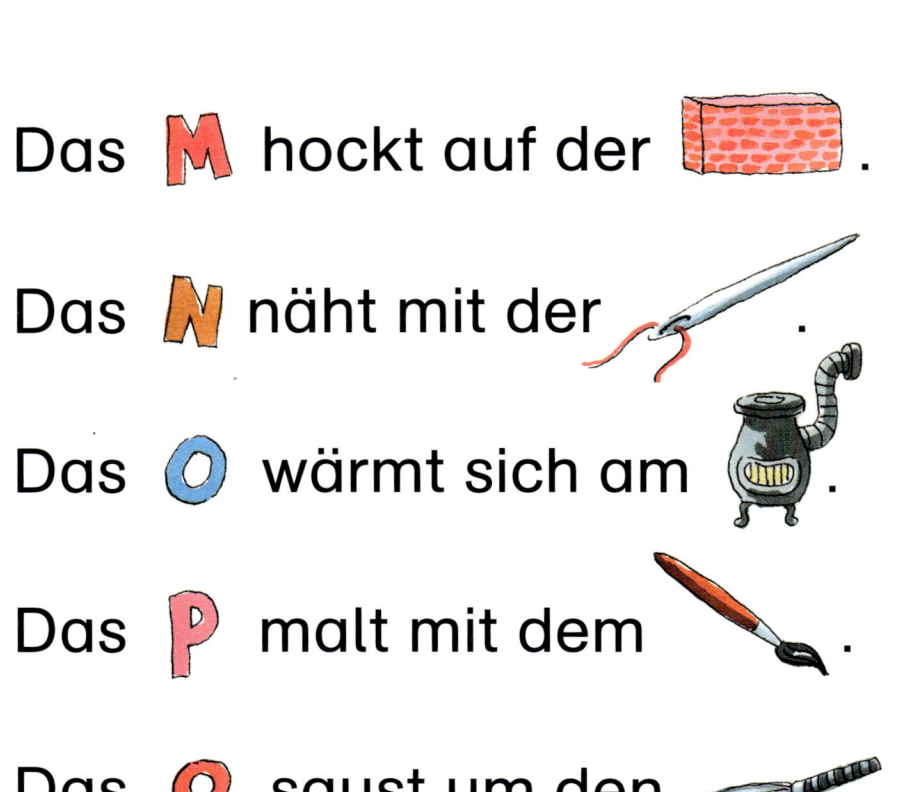 .

Das **N** näht mit der .

Das **O** wärmt sich am .

Das **P** malt mit dem .

Das **Q** saust um den .

Das **R** fährt auf dem .

Das **S** sitzt fest im .

Das **T** spricht am .

Das **U** schaut auf die .

Das **V** fliegt mit dem .

Das **W** wirbelt in der .

Das **X** läuft auf 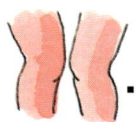.

Das **Y** friert mit dem .

Das **Z** streicht einen .

Kettenfangen

„Ich fange euch!", ruft das  .

Kreischend laufen die übrigen

 weg. Erst jagt

das  hinterher.

Das war knapp. Das  ist

gerade noch davongekommen.

Aber schon ist das gefangen.

Das  fängt gemeinsam weiter.

Das **E** vom 🍳 will hierhin,

das **I** vom 🍳 will dorthin.

Wenn die zwei sich nicht einig

werden, fangen sie nie jemanden.

Endlich erwischen sie das  .

Das **S** hängt sich hinten an.

Die anderen BJKAOLPT haben

es nun mit einem EIS zu tun.

Das  stürzt sich auf das R̈.

So wird aus dem  der REIS.

Blitzschnell fängt der

das . Die

bilden nun einen .

„Wer fängt jetzt?", fragt das  .

„Pass auf, wir sind noch gar

nicht fertig", sagen die

im  und holen sich ein .

Jetzt heißt es  .

Dann jagen die  das .

Schon ist ein **KREISEL** daraus

geworden. Der  dreht sich

wie verrückt. Schwups, fliegen

alle **BJTPAUD** auseinander.

Klaus an der Tafel

Klaus hat eine und

eine große mit BJKOTP.

Die magnetischen BKRUJQ

halten von alleine an der .

Klaus nimmt ein , dann ein ,

ein , ein und ein .

Das heißt zusammen: KLAUS.

Plötzlich hört Klaus Oli rufen.

Klaus rennt hinaus und knallt

die  hinter sich zu. Rumms!

Das  fällt hinunter. Jetzt steht

an der  nur noch .

„Ich mag auch nicht mehr",

sagt das  und lässt sich in

die  fallen. Schon ist es

mit der  einfach **AUS** .

„ **AU** !", ruft das  , als es

ebenfalls in die springt.

Und **AU** steht jetzt auch an

der  . „Zu zweit finde ich

es langweilig", sagt das  .

26

Übrig bleibt allein das  .

Es will gerade zu den anderen

 springen, als sie

Klaus auf der  hören.

„Schnell, er darf nichts merken!",

ruft das  . Es beeilt sich,

wieder an die  zu kommen.

„Du bist dran,  !", ruft das  .

Das  stellt sich schnell vor

das  . Jetzt steht  an

der  . „Was wollen wir

mit einer  ?", ruft das  .

Murrend geht das  nach

hinten. Nun heißt es wieder

AUS. „L! Wo bleibst du denn?",

rufen die BTKOPIN. Das L

kommt nicht aus der 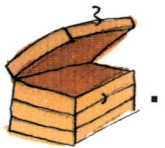.

Und auch das  schafft es

nicht rechtzeitig. Es liegt ganz

unten auf dem 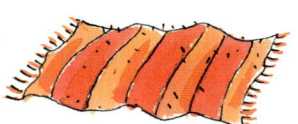 . „Dann

komme eben ich", sagt das  .

Ein **H** , ein **A** , ein **U** und ein **S** –

das heißt doch 🏠 und

nicht **KLAUS** . Die 🚪 geht auf.

Klaus kommt herein. Er schnappt

sich seinen 🍪 und rennt

wieder hinaus. So was. Er hat

nicht einmal etwas bemerkt.

Mach was mit abc

Mit  kannst du angeln,

mit b dich bücken,

mit c kannst du campen,

mit d was drücken.

Das e hilft uns essen,

mit f kannst du feilen,

mit g kannst du graben,

und mit h kann man heilen.

Mit i kannst du irren,

mit j kannst du juxen,

mit k kannst du kichern

und mit l etwas luchsen.

Mit **m** kannst du malen,

das **n** wird dir nutzen,

das **o** hilft dir ordnen,

und mit **p** kannst du putzen.

Mit **q** kannst du quaken,

das **r** hilft dir raufen,

mit **s** kannst du suchen,

mit **t** kann man taufen.

Mit **U** kannst du unken,

das **V** ist verflixt,

mit **W** kannst du wachsen,

mit **X** wird ge-ixt.

Mit **y** lässt sich nichts machen,

und das **Z** lässt alles zusammenkrachen.

Das starke M

Das **M** fühlt sich heute

besonders stark. Es stellt sich

vor den **[Spiegel]** und übt mit

der schweren **[Hantel]**. Bald hat

es genug. Das **M** verscheucht

das **M** von der **[Hantel]** und

macht daraus einen **[Mantel]**.

Das  zieht sich den

an und geht hinaus. Draußen

begegnet ihm ein bellender  .

„Ich lass mir doch nicht

alles gefallen", sagt das  .

Flink klaut es dem

das  und stellt sich vor die

restlichen .

Aus dem bellenden

wird so ein lächelnder .

„Schon besser", sagt das

und geht weiter. Bald trifft es

auf einen . Er steht

in einer  und schimpft.

Dabei hat er  an!

„Ist denn auf dieser

niemand zufrieden?", fragt

das  seufzend. Es macht

aus dem  in der

eine  mit einer  .

Jetzt ist das  schrecklich

müde. Es würde sich gerne

ausruhen. Wie gut, dass gerade

eine  vorbeikommt. Das

schnappt sich die  und

macht sich daraus eine  .

So, und nun legt sich das

gemütlich auf die  .

Pst, es schläft schon.

Eine unsinnige Geschichte

„Lass uns mal tauschen",

sagt das  zum  . „Wieso

sollten wir?", fragt das  .

„Weil es lustig ist", sagt das  .

„Wenn wir tauschen, wird aus

dem  ein  . Und aus

dem  wird eine 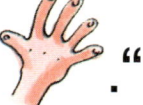 ."

„Ohne mich", sagt das . „Ich

muss noch  kaufen und

die  kochen." Und schon

ist das   verschwunden.

Aber die anderen

sind begeistert. „Au ja, toll!",

rufen sie. „Da kommt doch

bloß alles durcheinander",

wendet das  ein.

„Ach was", sagt das  und

streckt dem  die

heraus. „Halt bloß deinen frechen

 ", empört sich das  .

„Nun streitet euch doch nicht,

ihr blöden ", sagt

das . Die  lachen

sich kringelig. „Ich muss mir

die  putzen", sagt das .

„Und ich mach mir bald in

die   , wenn ich nicht

aufs  gehe!", ruft das

und kneift die 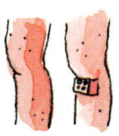 zusammen.

Da kommt das  zurück,

mit  und 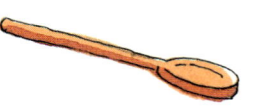 .

„Bitte zu  !", ruft das 🧦 .

Doch die andern hören nicht.

„Habt ihr  in den  ?",

ruft das  laut. „Ich habe

den  gedeckt! Im

wird die  kalt."

Die anderen

sehen das  verwundert an.

Aber dann verstehen sie!

„Und was ist in der 🧍 ?",

fragt das P.

Das  denkt kurz nach.

Dann greift es zur  .

„ natürlich", sagt das  .

„Wie versprochen."

Die Wörter zu den Bildern:

Affe

Bär

Clown

Dompteur

Elefanten

Fische

Giraffe

Hals

Igel

Jäger

Kuchen

Laternen

Manege

Noten

Orchester

Posaunen

 Quallen

 Zirkus

 Rollschuhe

 Angel

 Schwein

 Ball

 Tor

 Computer

 Uhu

 Dose

 Vase

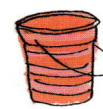 Eimer

 Wolf

 Fenster

 Xylophon

 Garten

 Yo-Yo

 Hängematte

 Jalousie

 Sattel

Kaktus

 Telefon

 Lampe

 Uhr

Mauer

 Vogel

 Nadel

 Wasch-
maschine

 Ofen

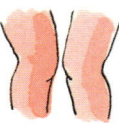 X-Beine

 Pinsel

 Yeti

 Quirl

 Zaun

 Roller

 Buchstaben

 Ei

 Treppe

 Eis

 Sau

 Reis

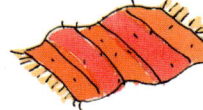 Teppich

 Kreis

 Haus

 Kreisel

 Spiegel

 Tafel

 Hantel

 Kiste

 Mantel

 Tür

 Hund

 Laus

 Mund

 Bauer

 Hand

 Pfütze

 Nudeln

 Gummistiefel

 Suppe

 Welt

 Zange

 Mütze

 Mond

 Ratte

 Wiegen

 Matte

 Hase

 Huhn

 Rose

 Hahn

 Klo

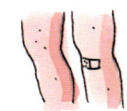 Beine

 Uhren

 Schürze

 Kopf

 Kochlöffel

 Puppe

 Tisch

 Kelle

 Bohnen

 Pudel

Werner Färber wurde 1957 in Wassertrüdingen geboren. Er studierte Anglistik und Sport in Freiburg und Hamburg und unterrichtete anschließend an einer Schule in Schottland. Seit 1985 arbeitet er als freier Übersetzer und schreibt Kinderbücher.

Sabine Kraushaar zeichnete schon, als sie gerade mal einen Bleistift festhalten konnte. Ihr großer Traum war, später Kinderbücher zu illustrieren. Sie studierte Grafik an der Kunstakademie in Maastricht. Danach machte sie sich selbstständig. Und seit 1995 geht ihr Kindheitstraum in Erfüllung.

**Kurze
Geschichten
rund um eine
beliebte Figur**

Loewe